INVISIBLE

JACEK GUTOROW
Invisible
SELECTED POEMS

Translated by Piotr Florczyk
Introduced by Mark Ford

Arc
PUBLICATIONS
2021

Published by Arc Publications,
Nanholme Mill, Shaw Wood Road
Todmorden OL14 6DA, UK
www.arcpublications.co.uk

Copyright: © Jacek Gutorow, 2021
Translation copyright © Piotr Florczyk, 2021
Translator's Preface copyright © Piotr Florczyk, 2021
Introduction copyright © Mark Ford, 2021
Copyright in the present edition © Arc Publications, 2021

978 1911469 97 1 (pbk)

Design by Tony Ward
Printed in Great Britain by T.J. Books Ltd,
Padstow, Cornwall

Cover illustration © Marcus Ward

ACKNOWLEDGEMENTS
Thanks are due to the publishers and editors of the following
magazines, where some of these poems first appeared:
The Atlanta Review, B O D Y, The High Window,
Lana Turner, and *Solstice.*
'Fragments of Scotland' was reprinted in *Plum Poetry 9,*
an anthology edited by Daniel Lawless.

This book has been published with the support of
the ©Poland Translation Program

BOOK INSTITUTE
©POLAND

Arc Publications 'Visible Poets' series
Series Editor: Jean Boase-Beier

CONTENTS

Series Editor's Note / 7
Translator's Preface / 9
Introduction / 14

I

II

The 'Visible Poets' series was established in 2000, and set out to challenge the view that translated poetry could or should be read without regard to the process of translation it had undergone. Since then, things have moved on. Today there is more translated poetry available and more debate on its nature, its status, and its relation to its original. We know that translated poetry is neither English poetry that has mysteriously arisen from a hidden foreign source, nor is it foreign poetry that has silently rewritten itself in English. We are more aware that translation lies at the heart of all our cultural exchange; without it, we must remain artistically and intellectually insular.

One of the aims of the series was, and still is, to enrich our poetry with the very best work that has appeared elsewhere in the world. And the poetry-reading public is now more aware than it was at the start of this century that translation cannot simply be done by anyone with two languages. The translation of poetry is a creative act, and translated poetry stands or falls on the strength of the poet-translator's art. For this reason 'Visible Poets' publishes only the work of the best translators, and gives each of them space, in a Preface, to talk about the trials and pleasures of their work.

From the start, 'Visible Poets' books have been bilingual. Many readers will not speak the languages of the original poetry but they, too, are invited to compare the look and shape of the English poems with the originals. Those who can are encouraged to read both. Translation and original are presented side-by-side because translations do not displace the originals; they shed new light on them and are in turn themselves illuminated by the presence of their source poems. By drawing the readers' attention to the act of translation itself, it is the aim of these books to make the work of both the original poets and their translators more visible.

Jean Boase-Beier

I've been reading and thinking about Jacek Gutorow's exquisite poems for over a decade. When I published my first selection of his poetry in English, in 2012, I knew the occasion wouldn't mark the end of my engagement with his work, which is the case for me sometimes, as I pillage and plunder my chosen poets, learning everything I can from them as a fellow writing artist, before moving on. No, I still wake and fall asleep to Gutorow's poems. I talk to them while reading them aloud. Direct and spare at first glance, on closer inspection they open up, so to speak, revealing a profound depth of thought and feeling that can only be the design of a poet who's both erudite and tenderhearted – a rarity, to be sure, these days.

Translating a poet whose work wouldn't be looked on kindly by participants in creative writing workshops, where the drive to narrativize reigns supreme, is a tricky business. For one thing, I've had to resist the urge to overwrite the translations by dramatizing their moving parts in order to heighten their cumulative rhetoric. This is neither about the images nor the words *per se*, most of which can be carried over neutrally. Rather, it is about the mood of the poem and its gravitas. Gutorow the poet seems to oscillate between wishing to engage with his surroundings and keeping the world at arm's length. This state of in-betweenness preferred by the poet allows his peregrinations to unfold organically – as much in his mind as physically, in real time. What interests him more than the macro perspective, in other words, is the uniqueness of each individual part that makes up the whole. 'Untold Histories' (p. 25) embodies his poetics perfectly:

The poem is not flammable.
Fire is not a poem.
They gravitate toward each other in separate histories
that, once told, are no longer free.
They sail like shreds of clouds across a paper sky:
amber rosewood fig

There is much I could've changed in this poem. For instance, the simple declarative sentences could've been sensationalized and opened-up grammatically – 'Fire could never be a poem'? – or the verbs made more active and thus, dare I say, combustible. However, doing so would've meant departing too much from Gutorow's art. While I believe that each translation, just as each original poem, should be able to stand on its own, there is something to be said for translators honoring the original authors' poetics and their temperament and philosophical DNA. Translating a poet who looks at the world prismatically demands discipline indeed.

Gutorow's poems encapsulate the poet's reality as it appears to him alone. Since reality changes constantly and kaleidoscopically, my own interpretations and early drafts of the poems would undergo shifts and changes. This isn't different, actually, from the poet's own thinking about his own work, which allows for constant rewriting of existing poems. But a translator's job becomes much harder when he or she cannot zero in on a poem's pulse. The ensuing instability of the creative process, which is often invoked by contemporary translators and scholars, is thus a double-edged sword. I, the translator, have a say in how I interpret and re-create the poem in its target language, but at the same time I am constrained, paradoxically, by the poem's fluidity. A good problem to have? I'd say so. In this case, I am even more confident in saying so because Gutorow is fluent in written and spoken English, and he and I discussed many choices for each poem before choosing what felt like the best option to us both.

This isn't to suggest that this present volume, or Gutorow's *oeuvre* in general, lacks technically sophisticated poems. Quite the opposite. The volume's penultimate poem, the monumental 'Psalm' (p. 105), is a masterpiece on a par with the best of what the Modernists have bequeathed to us. Appropriately, it challenged this translator immensely, especially in regard to retaining its rhythm and tonal variety. In terms of sheer inventiveness and making the best use of the Polish language, the poem 'Fragments from Scotland' (p. 53) is a case in point. Relying on guttural and hoarse sounds early on, Gutorow aims to viscerally document his experiencing of Scotland. After the first two sections, both ragged and dynamic, the poem grows more streamlined in the final three sections:

3
The blue over Skye
is a waterfall. Language
perished in the throat,
the landscape surpassed the syntax.

4
At dawn fog
calm-
ing
wind

5
sound
through
calm
drops
spi
der
web
smoke

Translating the landscape into words, Gutorow reaches a harmonious state. This allows him to remain both questioning and in awe of the place, with its layers of sights and sounds, customs and traditions, that had just a minute ago seemed inhospitable and resisting description. Ironically, the state of equanimity comes at the expense of the language employed by the poet – he must break up and slice open certain words within and without him. In Polish, some of these words become multivalent, but never ambiguous, in their meanings, and I've sought the same effect in translation. Thus, the Polish verb *ustaje* turns in Gutorow's process into 'lips' and 'eating'; my choice of 'calm-' / ing' isn't perfect, as the image of 'lips' is lost, but nevertheless the translation, I believe, gives off a hint of several things happening at once. In that sense, while the form of the poem narrows, as evidenced by the poet's decision to revert to using monosyllabic words, his play actually opens the poem up sideways, allowing additional stimuli to be represented. Indeed, the context and process shaping these poems is just as important as their present state or our take-away, because, as I've hinted earlier, a typical Gutorow poem is never closed-shut. Its contours are delineated but its form remains porous.

I could conclude by telling you that Jacek Gutorow is one of the most skillful contemporary Polish poets writing today – even one of the best – but I know he wouldn't like that. Is his poetic voice and perspective unique and individual? Absolutely. However, what interests him the most – more than literature itself – is life, i.e., reality, which requires privacy for the constant questioning of it to continue. The facts of his biography may suggest otherwise, especially given his awesome and voluminous output as a poet, critic, and translator, but that's precisely the point: he continues to be prolific because he hungers for unmediated existence that gets to the heart of what it means to be alive in this day and age. None of this is meant to suggest that Gutorow is a recluse, not at all. He is in fact generous, both as a person and as an artist. His spare poems, which seem to grow sparer with each volume – 'To walk away from poetry / Is poetry, too' – may contradict it, but I, for one, am grateful that so little of the contemporary world's noise, underpinned by our hunger for celebrity, gets into his work. His dedication to the craft and the written word – the world! – is legendary in Poland and it requires a like approach in his translator. I hope I've served him well.

Piotr Florczyk

Perhaps unsurprisingly, given Jacek Gutorow's deep and sustained engagement with the work of Wallace Stevens, the poems gathered in *Invisible* kept putting me in mind of Stevens's gnomic pronouncements on life and poetry, and on the relationship between the two, collected in 'Adagia':

The poet feels abundantly the poetry of everything.

To live in the world but outside of existing conceptions of it.

It is not every day that the world arranges itself in a poem.

The poet is the priest of the invisible.

Invisible is a teasing title for a collection of poetry. Stevens, in 'The Creations of Sound', suggested that poems should 'make the visible a little hard / To see', but surely no poetry should attempt to make the world disappear altogether, as if a magician's cloak had been flung across it. Both Gutorow and Stevens, it seems to me, develop a poetic medium that maintains an oscillating dialectic between the seen and the unseen:

Words beckon and signal
an empty road; we depart from a respectable
German village for the city of memories,
traversing undeveloped vignettes of the past.

('Reading Homer' p. 21)

The invisible operates not as an occlusion of reality, but as an aura saturating what is described; images are gently prised from the contexts of time and place and invested with a mysterious in-between life that makes them feel layered with experience, even if they are hard to visualize:

Voices in a well.
At dawn they come together on different
heights, then fall like dregs.
Sink in silence.
Still. Wintry.

('Childhood in the Country' p. 31)

Many of the poems gathered here are as short as
haiku, and linger in the mind like modern-day versions
of Basho or Buson.

Dusk. We descend the slope into the valley.
A lake of lights spreads before us.
A silent bird swept up by a gust
discovers the way to the third heaven.

('Silent Explorers' p. 39)

The meditative equanimity with which Gutorow
imbues his imagery is at once soothing and uplifting.
In tone the poems are perhaps most evocative of the late
Stevens of 'Credences of Summer': 'Now the mind lays
by its troubles and considers.' If one often senses that
trauma lurks somewhere in the hinterland or backstory
of the scenarios he presents, the act of considering
lifts the poem into its own self-sustaining realm that
dissolves anxieties and releases reflections:

Carried far out to sea
As if they were a separate continent
All their bandages unwound
Blown into an elaborate fjord

('North. A Note' p. 47)

The wide-angled vistas disclosed in such a tiny
poem allow it to seem its own microcosm. Whatever
the bandages were covering, their unwinding is made

to feel a part of the natural processes of the world that it would be pointless to contest.

Balancing these terse, beautifully etched miniatures that make up the bulk of this volume is 'Psalm', the book's penultimate poem, which is written in long, Whitmanesque lines, and reads to me like an expansion on John Ashbery's comic vision of himself as a Robinson Crusoe-style island-dweller in part III of his long poem 'The Skaters' of 1966: 'The island is the first word that comes to mind and demands elaborating, like all my latent life,' Gutorow's poem opens. Almost every line that follows begins 'The island...', and here in particular we are in touch with a poet who 'feels abundantly the poetry of everything'. The overflowing lines allow him to incorporate the kinds of realism and autobiography largely sublimated in the book's micro-lyrics:

> The island of my nineteen-seventies. Fireworks, thick carpets, a sawdust stove in the living room. In the summer running around until breathlessness, drinking water almost straight from the well, awaiting the next episode of *Space: 1999* with Martin Landau in the starring role.
>
> ('Psalm' p. 109)

'Psalm' is an expansive, intoxicating collage of musings and facts and memories, and roomy enough to include all manner of wacky or intriguing speculations – it imagines, for instance, a meeting between Syd Barrett, the doomed co-founder of Pink Floyd, and the philosopher Ludwig Wittgenstein. The poem seethes like a jungle, and makes of Invisible a kind of diptych: the enigmatic 'post-confessional' short poems are pulled into dialogue with their opposite, a rumbustious song of the self. The wonder that suffuses the minimalist Gutorow is here articulated in a poem that is gloriously 'all-over', as they used to say of action painting, insistently *in medias res*:

> The island, this hotel and haunted house, this ruin
>   with views of the steep bank, the bay and the memory
>   of the sails, those remnants of a wonderful life that fell
>   upon you as a selfless, non-returnable gift.
>
> ('Psalm' p. 123)

Mark Ford

I

CZYTAJĄC HOMERA

Vincenzowi

Jeszcze jedno szczudło, jeszcze jeden wers
podpierający resztę. Niebo jest cierpkie, pełno w nim
niewygasłego śniegu. Za tamtym wzgórzem
odnajdujemy trochę popołudniowej, przetartej czerwieni,
ale tylko to. Słowa pochylają się w nasza stronę
i jest sygnał, że droga otwarta: ruszamy z szacownej
poniemieckiej wioski do miasta wspomnień,
mijając niewywołane obrazy z przeszłości.

Jakże to, Odyseuszu. Miałeś przecież tylko dotrzeć
do Itaki. Żadnych sentymentalnych wycieczek,
zdań układanych w rytmiczne okresy, cudownych
    obrazów
rzucanych jak mak z otwartej dłoni.
Miałeś wrócić i osiąść. A ty wpadasz do ogrodów
jak w lotne dygresje, uwodząc dziewczęta i ptaki.
idąc statecznym krokiem przez niewydarzoną całość.

20

READING HOMER

for Stanisław Vincenz

One more stilt, one more verse
propping up the rest. The sky is tart, full
of unextinguished snow. Beyond that hill
some threadbare afternoon redness,
nothing else. Words beckon and signal
an empty road; we depart from a respectable
German village for the city of memories,
traversing undeveloped vignettes of the past.

How is it, Odysseus? You only had to reach
Ithaca. No sentimental excursions,
sentences arranged in rhythmic epochs, wonderful images
strewn like poppy seeds from an open hand.
You were to return and settle down. And now you drop in
    at the gardens
as into fleeting digressions, seducing girls and birds,
walking steadily through an ineffable whole.

EWOLUCJA

Mózg to kosztowny organ.
Pochłania tyle energii, kiedy wieczorem
idziemy nadrzecznym bulwarem na tle
neonów i z trudem zachodzącego słońca,
a z obrazu ścieka woda (to akwarela).
Serce jest mniej energochłonne, córko.
No co ty, tato. No tak, spójrz na tamtego gawrona;
ile w nim wdzięku, ile uczuć, dosłownie w każdej tonacji.
A to drzewo? Jeszcze chwila, a zrobi krok w naszą stronę.
Będzie tkwiło przez stulecia w miejscu, w którym stoisz,
moja ty prawie dwunastoletnia.

EVOLUTION

The brain is an expensive organ.
It absorbs so much energy, when in the evening
we walk along a riverside boulevard against the background
of neon lights and the hardly setting sun,
while water drips from the painting (it's a watercolor).
The heart, my daughter, is less energy-consuming.
No way, dad. Well, yeah, look at that rook;
how graceful it is, how affectionate, literally in every sense.
And that tree? In a second it will take a step in our direction.
It will be stuck for centuries in the place where you stand,
you my almost twelve years old.

NIEOPOWIEDZIANE HISTORIE

Wiersz nie jest łatwopalny.
Ogień nie jest wierszem.
Ciążą ku sobie w osobnych historiach,
które, raz opowiedziane, nigdy nie są wolne,
przepływają jak strzępy obłoków po papierowym niebie:
bursztyn rozeta figowiec

The poem is not flammable.
Fire is not a poem.
They gravitate towards each other in separate histories
that, once told, are no longer free.
They sail like shreds of clouds across a paper sky:
amber rosewood fig

WTRĄCENIE

Próbuję
Ale nic nie wychodzi
Nic nigdy nie wyjdzie
Z tego białego więzienia
Z tych płaskich mgieł
Kamieni na dnie rzeki
Która płynie beze mnie
I nic o mnie nie wie
Choć jest moją najgłębszą
(powtórzyć)
Najgłębszą rzeką

INTRUSION

I try
But nothing's coming out
Nothing will ever come out
From this white prison
From these shallow mists
From these stones that line the river
That flows within and without me
And knows nothing about me
Although it is my deepest
Repeat
The deepest river

ILEKROĆ SŁYSZĘ

Ilekroć słyszę nazwy rosyjskich rzek, słyszę też
echo przedzierające się przez warstwy pamięci,
odbite od dna nurtu, którego nie widać:
woda stoi nieporuszona, gęsta, i zamarza.

Whenever I hear the names of Russian rivers,
an echo breaks through layers of memory,
bounced off the bottom of an invisible current:
the water stands still, thick, and freezes over.

DZIECIŃSTWO NA WSI

1

Dźwięk jest źle zsynchronizowany
z obrazem: usta wypowiadają słowa,
które słychać po czasie,
jakby w innym życiu.

2

Słyszysz krzyk po drugiej stronie sadu.
Jabłka spadają obok koszy
na tle pni. Światło września,
wapno gaszone w sieni.

3

Głosy w studni.
Oderwane, o świcie schodzą się na różnych
wysokościach, potem opadają jak fusy.
Wraki na dnie akwarium.
Zatopione w ciszy.
Nieruchome. Zimowe.

CHILDHOOD IN THE COUNTRY

1

The sound is poorly synchronized
with the picture: lips release the words
that can be heard after a time
as if in another life.

2

You hear a scream across the orchard.
Apples fall beside the baskets against
the backdrop of the trunks. September
light extinguished in the hallway.

3

Voices in a well.
At dawn they come together on different
heights, then fall like dregs.
Sink in silence.
Still. Wintry.

WIERSZ

Szare popołudnie
Kot na brzegu łóżka
Poplamiony winem dywan
Tym razem nie będzie wspomnień
Daleko za polem stoi pociąg
Jeden, dwa gwizdy

POEM

A grey afternoon
A cat on the edge of the bed
Wine stains on the carpet
This time there'll be no reminiscing
Far beyond the field a train has stopped
One, two whistles

POMARAŃCZOWA CHUSTKA

Leży na podłodze.
To jej chwila.

AN ORANGE HANDKERCHIEF

is lying on the floor, having the time of its life.

REZNIKOFF

Pierwszy deszcz. Płyty chodnika.
Wróble wyrywają sobie okruch bułki.

Nic więcej nie zaszło.
Zgubione słowo nie podniosło wrzawy.

The first rain. Pavement slabs.
Sparrows fight over a breadcrumb.

Nothing else has happened.
A lost word did not raise an uproar.

CISI ODKRYWCY

Zmierzch. Schodzimy zboczem ku dolinie.
Przed nami rozciąga się jezioro świateł.
Niemy ptak poderwany podmuchem
odnajduje drogę do trzeciego nieba.

Dusk. We descend the slope into the valley.
A lake of lights spreads before us.
A silent bird swept up by a gust
discovers the way to the third heaven.

EPYLLION

Miłość ciała jest słodka, lepka, opiumiczna.
Ale nasz bohater pracuje na głębszym poziomie;
opuszcza miasto zmysłów i wraca do domu
wolny, z pustym dymkiem nad głową.

EPYLLION

Body love is sweet, sticky, like opium.
But our hero toils at a deeper level;
he departs the city of senses and returns home
free, an empty speech-bubble over his head.

Porcelanowa filiżanka.
Czerwono-niebieski wzór na białym tle.
Przez okno wpada słońce.
Wydobywa każdy odcień.
Rozluźniony rygor, klarowna formuła,
choć to już nie wiosna, a jeszcze nie lato.

A china teacup.
A red-blue pattern against a white background.
Sunlight falls through the window.
It brings out every detail.
Relaxed order and clear division –
no longer spring, not yet summer.

II

PÓŁNOC. NOTATKA

Wyniosło ich tak daleko w morze
Jakby byli osobnym kontynentem
Wszystkie bandaże rozwinięte
Zwiewane na skomplikowany fiord

NORTH. A NOTE

Carried far out to sea
As if they were a separate continent
All their bandages unwound
Blown into an elaborate fjord

MADAME CÉZANNE

Siedzi w fotelu i milczy. Nie musi
nic mówić, to przedmioty mówią
osobnym językiem, tak dobrze jej znanym.
Cisza wody w dzbanku. Tapeta na ścianie.
Namalowany wiatr burzy włosy,
ale ona nie musi ich poprawiać.
Siedzi uśmiechnięta na brzegu spojrzenia:
rzeczywistość, mówi, to już rzeczywistość.

MADAME CÉZANNE

She sits in a chair, silent. Doesn't have to
say anything, it's the objects speaking
in a separate language so familiar to her.
The silence of the water in the jug. Paper on the wall.
The painted wind messes up her hair.
She sits smiling at the edge of a glance:
reality, she says, that's reality.

ABERDEEN. ŚWIT

Kobieta wyglądająca
Jak Hannah Arendt
Pokazuje mi drogę na plażę

Nad zatoką
Stary mężczyzna narzeka
Proponuje kipps i piwo

Za oknem morze
Otwiera się na północ
Holokaust lodu i słońca

ABERDEEN

A woman looking
Like Hannah Arendt
Shows me the way to the beach

On the promenade
An old man complains
Offering *kipps* and a beer

Beyond the window the sea
Opens up to the north
A holocaust of ice and sun

JĘZYK WYSP SZKOCKICH

1

Zmurszałe światło
Wytarte chmury
Minaret naparstnicy
Jej śmieszny beret

2

Jedna wyspa, przekartkowana,
z wykrzyknikiem latarni na końcu cypla,
suchym dokiem wciśniętym między skały,
niepalna, z kredowym nalotem,
wrażliwa na prądy.

3

Niebo ponad Skye
to wodospad. Język
sczezł w gardle,
pejzaż przerósł składnię.

4

Nad ranem mgła
usta
je
wiatr

1

Flawed light
Ragged clouds
A foxglove's minaret
Its funny beret

2

One island, leafed-through,
with the exclamation mark of the lighthouse at the tip
    of the headland,
with a dry dock squeezed in between the rocks,
non-flammable, with a chalky coating,
sensitive to the currents.

3

The blue over Skye
is a waterfall. Language
perished in the throat,
the landscape surpassed the syntax.

4

At dawn fog
calm-
ing
wind

5

dźwięk
rwie
ciszę
krop
la
pają
czy
na
dym

5

sound
through
calm
drops
spi
der
web
smoke

WSPOMNIENIE Z DZIECIŃSTWA

Świerszcze jaszczurki pająki
Warowne krzaki dzikiego bzu
Nad wszystkim czuwa wrona
Samotna, w rozwianej burce

A CHILDHOOD MEMORY

Crickets lizards spiders
Fortified bushes of wild lilac
A crow keeping an eye on it all –
Lonely, in a windblown burqa

Chłopiec zbiega po kamiennych stopniach
Morze jest ciepłe, zmierzch przebija do portu
Puste kartki wirują na wietrze, każda jest snem
O wychodzeniu z bieli i o pierwszych słowach

A boy runs down the stone slabs
The sea is warm, dusk docks at the port
Blank pages whirl in the wind, each a dream
Of traversing whiteness and of the first words

ZAŚPIEW

Dom, którego pierwsze piętro było echem.
Przyjechali piętnaście lat po wojnie,
wciągnęła ich głucha czeluść,
nienaganne milczenie rzeczy.

The house whose second story was an echo.
They arrived fifteen years after the war,
mesmerized by the deafening hollow,
the perfect idiolect of things.

61

LAMPA

Pochylona nad pustą ławką nie wie,
że ktoś obserwuje jej conocny plener.

THE STREET LAMP

Leaning over an empty bench it doesn't know
that someone's watching her nightly spectacle.

RÓŻEWICZ: POŻEGNANIE

Odchodzę od poezji bez żalu
Jakbym odbijał od brzegu

Wyobraźnia milczy
Słowa zwlekają

Odchodzenie od poezji
To też poezja

RÓŻEWICZ: A FAREWELL

I abandon poetry without regret
As if pushing off the shore

Imagination is silent
Words lag

To walk away from poetry
Is poetry, too.

MUZYKA SFER (JESZCZE JEDNO POŻEGNANIE Z RÓŻEWICZEM)

to mogła być dłoń
trzymająca smyczek
wyprowadzająca muzykę
pokazująca świat
góry rzeki lasy
zjednana na chwilę
z harmonią dźwięków
tak bliskich
że można dotknąć
każdego ścięgna
naprężona melodia
żywego mięsa

it could've been a hand
holding a bow
letting music go
reflecting the world
mountains rivers forests
united for a moment
in the harmony of sounds
so close
that you can touch
each tendon
the strained melody
of live flesh

KRĄG

To nie my idziemy
To droga biegnie w nas
Znika we własnym nurcie
Nasz mały Acheron

CIRCLE

It's not us walking
It's the road that runs in us
Disappearing in its own current
Our little Acheron

HOŁD JAPOŃSKI

Atrament w oczach
Widzących drugi brzeg
Gdzie nie ma nic
Poza nagimi drzewami
I ptakiem skaczącym
Z gałęzi na gałąź

A JAPANESE HOMAGE

Ink in the eyes
Seeing the other shore
Where there is nothing
But bare trees
And a bird hopping
Branch to branch

DWA WIERSZE Z RAPALLO

1

Trzy strome dróżki, żarna fal.
Księżyc nad *salitą*.
Zapamiętać to miejsce.
Głos, rozbity wazon.

2

Odpływająca fala. Zakotwiczone skały.
Wieczorem zatoka iluminuje głębię
i w ciszy zwołuje wszystkie
odbite, rozproszone światła.

1

Three steep paths, the quern of waves.
Moon over a *salita*.
To memorize this place.
The voice, the shattered vase.

2

An outgoing wave. Anchored rocks.
In the evening the bay illuminates the depth
and silently convenes all
reflected, scattered lights.

NEUTRALNE ŚWIATŁO

Takie, jakie lubił najbardziej,
kiedy szedł przez miasto
w sobotni poranek.

Właśnie w takim świetle
utracił wiarę, aby odzyskać
smak i radość chwili
niosącej go przez całą
teraźniejszość do miejsca,
z którego rozpoczął spacer
w cudownie namacalnym
powietrzu, pełnym i jasnym.

NEUTRAL LIGHT

The kind he liked the most,
as he walked through the city
on a Saturday morning.

In just such light
he lost faith and thus recovered
the taste and joy of the moment
carrying him throughout
the present to the place
where he began his walk
in the wonderfully touchable,
full and bright air.

III

FRAGMENT Z LUKRECJUSZA

Chce otworzyć okno na pierwszy wiosenny deszcz
Radość wody zieleni kropel spływających
bezpiecznie po szybach drewnianych framugach
Ile razy przeoczył fakturę rzeczy Ile razy obywał się
ich smakiem esencją Nastroszone niebo Studnia
zapamiętana z dzieciństwa Wężowe ścieżki
w nieskończonym lesie Chce rozpuścić sploty zielska
na przebłysk słońca Czystą bryzę Chwilę nieuwagi
Nie chce być Chce rozwijać się z wszystkim wokół
Chce rozkurzu cząstek Znikać zjawiać się w każdej
dowolnej postaci Powstawać i znikać bez opamiętania

A FRAGMENT FROM LUCRETIUS

He wants to open the window to the spring's first rain
The joy of water greenery drops trickling
safely down the panes the wooden frames
How many times did he overlook the texture of things How
  many times
did he make do with their flavor essence Bristled sky The well
remembered from childhood Serpentine trails
in an infinite forest He wants to loosen the tangles of weeds
for the glimmer of the sun A fresh breeze A moment of
  inattention
He doesn't want to be He wants to unwind with everything
  around
He wants a dispersion of particles To disappear and appear
  in any
and every form To rise and vanish lightly

NAD STAWEM

Koniec czerwca. Wychodzimy z epoki dantejskiej
i wchodzimy w wergiliańską. Ważki przelatują nad
powierzchnią wody, bocian człapie w pobliskich szuwarach.

Chcę iść wzdłuż brzegu, ale nagle czuję,
że w taką pogodę niebieski staw jest nieprzechodni.
Więc patrzę tylko, jak zmieniają się rzeczy:

obłok przechodzi do kolejnego kadru,
a złuszczona kora brzozy niesie
ledwie czytelną wiadomość.

AT THE POND

The end of June. We're going out of Dante
and into Virgil. Dragonflies skim
the water surface, a stork plods in the nearby rushes.

I want to walk along the bank, but suddenly feel
that in this weather the blue pond is intransitive.
I can only watch how things change:

a cloud lights into the next frame,
a flaky bark of birch carries
a knotty message.

RYTUAŁY

Sączenie lipcowego światła przez słomkę
Przez całą burzę słomy
Przez gęstwę lasu i jeszcze
Przez opłotki żeber, gdy płuca napełniają się
Świetlistym powietrzem
Przez polne dróżki, które prowadziły na świat
I te kręte drogi wiodące donikąd, donikąd
Przez śliwy i czereśnie, rysunek gałęzi
Na czystym niebie, gdy leżę w hamaku
I czytam Owidiusza
Przez niego też

Sipping the July light through a straw
Through a whole storm of straw
Through a dense forest and then
The fence of ribs, when the lungs fill up
With the luminous air
Through the dirt paths that led to the world
And those winding roads going nowhere, nowhere
Through plum and cherry trees, a sketch of boughs
Against a clear sky, when I lie in the hammock
And read Ovid
Through him as well

URODZINY

Na szali dnia, prawie pięćdziesiąt lat temu,
w rozgałęzionym miejscu, zatrzymał się czas.

Otwieram siebie jak drzwi.
Stoję na progu.

BIRTHDAY POEM

Balancing the day, almost fifty years ago,
in a forked place, time stopped.

I open myself like a door.
I stand on the threshold.

Piękny jesienny poranek.
W nowej aptece na rogu
poeta kupuje antydepresanty
dla swojej córki.

A beautiful autumn morning.
In a new pharmacy on the corner
a poet buys anti-depressants
for his daughter.

CZTERY WIERSZE

Płatek śniegu

Kruchy labirynt o niezwykłej regularności.
Wyjątek, nie ma takiego drugiego.
Zamarznięty oddech.

Zatrzymany w kadrze umiera,
rozpływa się z całą swoją miniaturową doskonałością.
Powiększone zdjęcie ukazuje jedynie monotonną biel.

Moneta

Moneta na dłoni: lśniąca, szlachetna.
Można wyczuć jej ciężar, wypukłość rysunku.
Złoty niuans w mroku popołudnia.
Jej szlif wymagał precyzji i powściągliwości.
Na zawsze zamknięta w sobie; bezcenna.

Rozżarzony węgielek

Gwałtownie odpychany pogrzebaczem
przez silną, pomarszczoną rękę:

intruz w chłodnym świecie,
potomek świętych ogni.

THE SNOWFLAKE

An exact maze of rare pattern.
There is no other like it.
A frozen breath.

Stilled in the frame it disappears,
melting away with perfection.
The blown-up photo is dull white.

THE COIN

The coin in the hand is shiny and noble.
You can sense its weight, touch the design.
A golden dot in a dark afternoon.
Its cut required precision and restraint.
It is locked in itself and priceless.

THE CINDER

Violently pushed by a poker
in a strong wrinkled hand.

An intruder in a frosty world,
a descendant of sacred fires.

TEMPERÓWKA

Nie ma pojęcia o własnej mocy,
a przecież przywraca życie
kredkom i ołówkom.

Ze swoim gwałtownym charakterem
nie wie, co zrobić.
Rzadko zasypia.
Temperuje siebie.

The Sharpener

It doesn't know its own strength,
even though it restores life
to crayons and pencils.

It is not sure what to do
with its hot-tempered personality.
It doesn't sleep at all
and keeps on tapering itself.

POSTSCRIPTUM (PODPATRZONE)

To ostatni list, mój drogi Pessoa.
Więcej nie będzie, zresztą ty nie istniejesz,
a ja zaczynam się poznawać. Szkło
jest rozbite, rozbite; zza okna dochodzą dźwięki
rozklekotanego pianina – epitafium
dla rozklekotanej duszy, która pozostawiona sobie
mży w oknie nad ranem. Zgaście światło,
zamknijcie drzwi i przestańcie szurać kapciami
na korytarzu, Pessoa. Z całą pewnością
nic się z niczym nie łączy, jak, nie przymierzając,
na plaży w Margate lub na skrzyżowaniu Ozimskiej
i Reymonta. Zaczynam się poznawać. Nie istnieję.
Jest czerwiec, kwitną jaśminowce, nawet śmietniki
są bardziej uroczyste (tam trafią rozklekotane dusze).
Zgaście światło, Pessoa, dość tego przekartkowanego
Blasku. Ćwiartki aureoli, oderwane koła, wszystko
na surowo, plastry i fugi, w prostych kredkowych
kolorach: nic tu po mnie, nic przede mną,
we mnie nic zupełnie.

To ostatni list, Pessoa. Jest jak rozbite lustro;
wiatr porywający co bardziej świetliste resztki –

POSTSCRIPT (GLIMPSED)

after Pessoa

This is the final letter, my dear Pessoa.
There'll be no others as you don't exist
and I'm becoming myself. The glass
is shattered; the sounds of a de-tuned
piano outside the window – an epitaph
for a de-tuned soul, which drizzles in the window
at dawn. Turn off the light,
shut the doors and stop shuffling in slippers
in the hallway, Pessoa. Without a doubt
nothing doesn't connect with nothing, remember
the beach in Margate or the intersection of Ozimska
and Reymont Streets?
I begin to know myself. I want to exist.
It's June, mock orange in bloom, even dumpsters
look more special (detuned souls will end up there).
Turn off the light, Pessoa – enough of this dog-eared
gleam. Quartered halos, broken off wheels, everything
raw, plaster and grout in simple, crayon
colours: nothing after me, nothing
inside or ahead of me.

This final letter, Pessoa, is like a cracked mirror –
the wind reflecting all luminous details.

MARZEC

Po epoce lodowcowej przyszedł czas
na kwiaty, które wkładam do wazonu
pośrodku pokoju. Ostrożnie, tulipany,
mówi zziębnięty jeszcze obłok.

MARCH

After the ice age there was time
for flowers, which I put in a vase
in the middle of the room. Carefully, tulips,
says the chilly cloud.

CAEDMON

Tyle wierszy.
Tyle ładnych wierszy.
Coraz więcej ich
i coraz lepszych.
Tyle książek z wierszami.
Tyle nagrodzonych, przełomowych książek.
Tylu dobrych poetów wokół.
Tyle poezji,

że w końcu chciałoby się być
autorem jednego wiersza,
który nie daje spać,
choć nie jest piękny.

CAEDMON

So many poems.
So many nice poems.
More and more
and still getting stronger.
So many books of poems.
So many award-winning, groundbreaking books.
So many good poets around.
So much poetry

that finally one would like to be
the author of a single poem
that disturbs sleep
without being beautiful.

PRAWDZIWY PLATONIZM

Tamten chłopiec z Menona:
ile miał lat? Jaki kolor oczu?
Rozmowa z filozofem
musiała go zmęczyć.
Idzie na brzeg morza,
siada na kamieniu, widzi
zachód słońca. Szepcze:
kiedyś już tu byłem,
w podobny letni wieczór,
z przebudzoną duszą,
patrząc na pierwszą gwiazdę,
bez chęci powrotu.

TRUE PLATONISM

That boy from *Meno*:
how old was he? What colour were his eyes?
A conversation with the philosopher
must have tired him out.
He walks to the seashore,
sits down on a stone, sees
the sunset. He whispers:
I've been here before,
on a similar summer evening,
with my awakened soul,
watching the first star,
without the desire to return.

LUŹNA NITKA

Wiem, prostota nie jest w cenie.
Minimalizm tak, ale bez przesady
(choćby pajęczyna w rogu wiersza).

Nie chcę porównań.
Kreślę, sczytuję, czyszczę.
Zostawiam jedną luźną nitkę.

LOOSE THREAD

I know, simplicity isn't in demand.
Minimalism, yes, but nothing excessive
(maybe a spiderweb in the corner of the poem).

I don't care for comparisons.
I cross out, proofread, clean up.
I leave one loose thread.

IV

PSALM

Wyspa to pierwsze słowo, które przychodzi mi do głowy i
domaga się rozwinięcia, jak całe moje utajone życie.
Wyspa może być otwarciem, pierwszą raną, kawałkiem
muru chłostanym przez mokre gałęzie dzikiego bzu.
Wyspa zmienia się z każdym spojrzeniem. Wczoraj była
białą rozpadliną, kiedy indziej przypomina
wydrukowane i opublikowane miasto. W tej chwili jest
smugą po odrzutowcu, rozpływającą się w błękicie i
udającą papier w kratkę.
Wyspa jest ułożona z rozmytych wspomnień i tłumionych
myśli, jak dawno zapomniane marzenie, coś świetlistego
ponad horyzontem (po chwili myślimy, że to wyspa jest
horyzontem).
Wyspa ubiera się jak może: najpierw piana, koronka
fali, potem rozczochrane palmy, a na końcu pokój z
widokiem na zatokę.
Wyspa, ten negatyw jeziora, intryguje zmiennością – raz
mieści się w zagłębieniu dziecięcej dłoni, kiedy indziej
wypiera po królewsku cały krajobraz.
Wyspa spotyka nas w środku życia i każe przystanąć.
Wyspa, którą mam na myśli, nie umywa się do innych
wysp, ale od zawsze wzrusza mnie jej mysi kolor.
Wyspa na wyspie – wielopiętrowe echo samo się
wzbudza i usypia, a potem łagodnie oddziela od reszty
wielopiętrowego archipelagu.
Wyspa jest synonimem, lustrzanym sklepieniem, robotą
prowadzona w dół, coraz niżej, jak przy tkaniu,
zostawiając po dwa korytarze po każdym odcinku; jeden
do wejścia, drugi do wyjścia.
Wyspa jest tej wiosny kobietą najlżejszych obyczajów.
Wyspa z milionem sosen, a w każdej zatrzaśnięty jest
Ariel.

PSALM

The island is the first word that comes to mind and
    demands elaborating, like all my latent life.
The island can be the opening, the first wound, a part of a
    wall flogged by the wild lilac's wet branches.
The island changes with every glance. Yesterday it was
    a white fissure; other times it resembles a printed and
    published city. Now it is a jet trail, dissolving in the blue
    sky and masquerading as a sheet of checkered paper.
The island is formed with fuzzy memories and repressed
    thoughts, like a long forgotten dream, something shining
    over the horizon (after a while we think the island is the
    horizon).
The island dresses the best it can: first foam, the lace of a
    wave, then tousled palm trees, and finally a room with a
    view of the bay.
The island, that undeveloped negative of the lake, is
    intriguing with volatility – one time it fits in the hollow
    of a child's hand; other times it royally takes over the
    entire landscape.
The island meets us in the middle of life and tells us to stop.
The island I have in mind can't hold a candle to other
    islands, but I've always been touched by its mousy color.
The island on an island – the multi-story echo wakes and
    sleeps by itself, then gently separates from the rest of the
    multi-story archipelago.
The island is a synonym, a mirror vault, a job aimed
    downward, ever lower, as in weaving, that leaves two
    corridors after each section; one for entering and the
    other for exiting.
The island is this spring's woman of the easiest virtues.
The island with a million pine trees, and Ariel locked in
    every one of them.

Wyspa zdobiona deseniem w groszki, ujęta wstęgami, girlandami kwiatów. Nieziemska akwarela.
Wyspa jako poemat, którego dłużyzny usprawiedliwia bliskość morza.
Wyspa, na której trzeba umrzeć. Najpierw nie chciałeś przyjąć tego do wiadomości, potem strach nie pozwalał ci zasnąć. Pewnego dnia zrozumiałeś, że odchodząc robisz miejsce innym. Trzeba tylko odejść całkowicie i bezpowrotnie. To było ostatnie, największe pocieszenie, choć pozbawione jakiejkolwiek nadziei.
Wyspa po południu zachłystuje się równikowym światłem i lekko kołysze jak fotel na biegunach.
Wyspa, muzyka do dryfowania.
Wyspa mogłaby zreorganizować swoja strukturę: przerzucić źródła w wyższe partie, przeorać koryta rzek, potrącić większy procent z sumy zieleni, a wreszcie uprościć proces fotosyntezy.
Wyspa, którą okrążasz wolnym krokiem, nieskończenie samotnie, ignorując ślad stopy na piasku.
Wyspa, którą kochasz, choć w sumie niewiele ci dała; a może ty sam nie potrafiłeś skorzystać z jej darów, zimny jak głaz, kompletnie głuchy na język ciepła, nierozumiejący prawdziwych uczuć, podczas kiedy twoje są jak wyjęte z zamrażarki?
Wyspa, tartak, pajęcze sieci, trzy krzesła tworzące bramę, brzeg chodnika.
Wyspa jest wyspą jest wyspą. Atol?
Wyspiarskie przyjemności: kawa na tarasie, eleganckie równania fal, kiczowaty zachód słońca chowającego się za wulkanem, nagłe wspomnienie z dzieciństwa, piosenki Becka i kantaty Bacha.
Wysyp wysp dziś wieczorem – deszcz meteorów o dziwnych nazwach, rój świetlików przed snem, nieco rozkojarzona abrakadabra głuchych uderzeń morza.

The island decorated with a pea pattern, wrapped with ribbons and flower garlands. An unearthly watercolor.

The island as an epic poem, whose lengthiness is justified by the proximity of the sea.

The island to die on. First you didn't want to accept this fact, then fear didn't let you fall asleep. One day you realized that by leaving you're making room for another being. But you have to go completely and irrevocably. This was the last, biggest consolation, though devoid of any hope.

The island revels in the afternoon's equatorial light and swings slightly like a rocking chair.

The island: drift music.

The island could reorganize its structure: toss its springs up onto higher ground, plough over its riverbeds, knock off a larger percentage from the sum of the greenery, and finally simplify the process of photosynthesis.

The island that you circle slowly, infinitely alone, ignoring the footprint in the sand.

The island that you love, though in truth it didn't give you much; or maybe it was you who couldn't take advantage of its gifts, cold as a boulder, completely deaf to the language of warmth, not understanding honest feelings while yours are as if taken out of the freezer?

The island, a sawmill, spiderwebs, and three chairs forming the gate, the shore of pavement.

The island is an island is an island. An atoll, perhaps?

The island's pleasures: coffee on the terrace, elegant wave formations, kitschy sunset behind the volcano, a sudden childhood memory, Beck's songs and Bach's cantatas.

The pouring of islands tonight – the shower of meteors with strange names, a swarm of fireflies at bedtime, a somewhat distracted abracadabra of the sea's deafening blows.

Wyspa niczego nie symbolizuje, jest po prostu wyspą, i
jeszcze czarodziejstwem słów.
Wyspa moich lat siedemdziesiątych. Sztuczne ognie,
grube dywany, trociak w dużym pokoju. Latem
bieganie do utraty tchu, picie wody prawie prosto ze
studni, oczekiwanie na kolejny odcinek *Kosmosu 1999* z
Martinem Landauem w roli głównej.
Wyspa inaczej: siedzisz samotnie przy stoliku w chińskiej
restauracji w Mińsku, białoruskie kelnerki patrzą na
ciebie i szepczą coś w języku, którego nie rozumiesz.
Nigdy nie czułeś się bardziej samotnie, mój ty Robinsonie.
Wyspa schodzi na psy – trzy spacery dziennie, plastikowa
kupołapka, wycieranie podłogi w przedpokoju. Wulkan
do nogi. Wulkan siad.
Wyspa w deszczu: spojrzenie brnie w zaparte, ale
w pewnym momencie musi dać za wygraną, bo
perspektywa składa się jak japoński wachlarz, razem z
tymi cholernymi pocztówkowymi palmami.
Wyspa przodków. Pradziadek Benedykt stoi na ganku i
wyciąga zegarek z kieszonki brudnej kamizelki; chowam
się w pokrzywach, mijają całe lata.
Dla wielu wyspa jest hotelem. W najdroższym apartamencie
rozbił się Prospero. To jego ostatnie, może przedostatnie
dni, choć wciąż roztacza magię. Najlepsze lata są już
za nim, z kolorowej służby został tylko Kaliban, ale
ten niewąsko pociąga z butelki. Miranda pracuje w
korporacji, a Ariel zmienił płeć i myśli o kandydowaniu
do Sejmu. Samotny, w wielkim pokoju z widokiem na
morze, Prospero z rozrzewnieniem wspomina burzę i
niedogodności życia poza nawiasem społeczeństwa. Jako
emeryt ma dużo wolnego, ale nie ciągnie go do podróży,
a muzyka, na którą nigdy nie miał czasu, stała się dla
niego obojętna. Już tylko książki i laska, ale nawet one
wydają mu się zbędne.

The island doesn't symbolize anything; it is just an island, and sometimes the wizardry of words.

The island of my nineteen-seventies. Fireworks, thick carpets, a sawdust stove in the living room. In the summer running around until breathless, drinking water almost straight from the well, awaiting the next episode of *Space: 1999* with Martin Landau in the starring role.

The island differently: you sit alone at a table in a Chinese restaurant in Minsk, Belarusian waitresses look at you and whisper something in a language you don't understand. You never felt more alone, my Robinson.

The island goes to the dogs – three walks a day, a plastic pooper-scooper, a mopping of the floor in the hallway. "Vulcan, come." "Vulcan, sit."

The island in the rain: the gaze skews towards the static, but at some point it must give up, because the perspective folds up like a Japanese fan, along with those damn postcard palms.

The island of ancestors. My grandfather Benedykt stands on the porch and takes his watch out of the pocket of a dirty vest; I hide in nettles, decades go by.

For many the island is a hotel. Prospero crashed in the most expensive suite. It's his last, maybe penultimate days, though he still exudes magic. The best years are behind him, of the black servants only Caliban remains, though he clings to the bottle. Miranda works for a corporation, while Ariel has had a sex change and thinks of running in parliamentary elections. Lonely, in a big room overlooking the sea, Prospero remembers the storm and the inconvenience of life outside of society. As a retiree he has a lot of free time, but he doesn't feel like travelling, and music, which he has never had time for, has become indifferent to him. It's just books and a cane now, but even they seem superfluous.

Wyspa jest emanacją – w jej głębi skryta jest inna, bardziej
świetlista wyspa, za którą jaśnieje wyspa jaśniejsza
i jaśniejsza, będąca przesłoną wyspy skończenie
olśniewającej, w której sekretnej esencji tkwi wyspa
oślepiająco jasna, bynajmniej nie ostatnia. Na końcu są
spalone brzegi, jaskinie pełne żużlu i popiół strącany z
twoich długich, połyskliwych włosów.
Wyspy, które odnalazłem w swoim nazwisku: Gutenberg,
Chlebnikow.
Wyspa, proszę Pana, jest trudnym tematem, którego nie
chciałbym podejmować, nie dzisiaj, nie w tym życiu,
w którym przyszło mi grać rolę palmy na środku
skrzyżowania, w stolicy kraju, w którym nie czuję się do
końca u siebie. Mojego kraju.
Wyspa tylko udaje, że ci ulega. W istocie stawia opór tym
większy, im bardziej otwarte są jej podwoje.
Wyspa wyspą, a u piekarzy wciąż pali się światło.
Wyspa śródmieścia po deszczu, na kilka chwil przed
monumentalnym zachodem słońca, kiedy światła ruchu
ulicznego ścielą się jak zboże pod niewidocznymi jeszcze
konstelacjami Smoka i Jednorożca.
Wyspa jak jazzowa interpretacja – ma się początek i koniec,
reszta to geny, przypadek i nieco hałaśliwa gra hormonów.
Wyspa-rumowisko, wyspa-poręba, wyspa-kamieniołom,
wyspa-torfowisko.
Wyspa Euthyrox: arkady i amfilady prowadzą do punktu
splotu słonecznego.
Wyspa euforii. Chłopiec biegnie przez zaśnieżone pole, potem
upada wyczerpany i szczęśliwy, a plastikowy samolocik
ciągle leci w kieszeni płaszcza.
Wysepka też tu jest – skromna, niepozorna, kto by
przypuszczał, że jest filarem wszechświata.
Wyspa marnuje swój ogień, wytrąca każdą biel z przedświtu,
błękitnieje w południe, a wieczorem przypomina bukiet
maków.

The island is an emanation – in its depth hides another, more luminous island, behind which yet another island shines brighter and brighter, the island that's the screen of a finitely dazzling island, in the secrete essence of which lies a dazzlingly bright island, by no means the final one. At the end are burned edges, caves full of cinders and the ash fallen from your long, glossy hair.

The islands I found in my name: Gutenberg, Khlebnikov.

The island, dear sir, is a difficult topic I wouldn't like to take up, not today, not in this life, where I was given the role of a palm tree in the middle of an intersection, in the capital of a country where I don't feel quite at home. My country.

The island only pretends to submit to you. In fact, its resistance stiffens the more open its doors become.

Never mind the island: the light's still on in the nearby bakery.

The island of the town centre after the rain, just moments before the monumental sunset, when the traffic lights go down like grain before the still invisible constellations of the Dragon and the Unicorn.

The island as a jazz interpretation – there's the beginning and the end, the rest are genes, coincidence, and a bit of noisy play of hormones.

The island-rubble, the island-clearing, the island-quarry, the island-peat bog.

The island of Euthyrox: arcades and amphibians lead to the solar plexus.

The island of euphoria. The boy runs through a snowy field, then falls down exhausted and happy, and the plastic aeroplane still flies and flies in the pocket of his jacket.

The islet is also here – modest, inconspicuous, who would've suspected it is the pillar of the universe.

The island wastes its fire, knocks out every trace of whiteness from daybreak, turns blue at noon, and in the evening it resembles a bouquet of poppies.

111

Takie Simi. Jedna z wysp, po których można iść, jakby się płynęło w powietrzu, na przykład na błękicie z pasmem bieli lub na bieli obszytej błękitem. Można dodać żółte inskrypcje skał spiętrzonych w słońcu. Można też wrzucić inny bieg i sunąć niczym morze, zdając się na dryf, bijąc falą o brzeg, bez powrotu bądź lokalnego zwiastowania.

Wyspa drobiazgów i gratów, które można kojarzyć i składać w pudełkach w nieoczekiwane pejzaże, smutne zachody słońca z nakręcana papugą i cygańskim trębaczem grającym pod oknami zmęczonych obywateli (Cornell).

Wyspa z pianą tak gęstą, że można ją kroić nożem. Siedzę z tatą i wujkiem Ryśkiem w knajpie „Pod Różą", rysuję szkic zatoki, do której wpłynie japoński krążownik.

Wyspa będąca jedną wielką amboną. Ksiądz proboszcz przepływa obok mnie i powoli wznosi się na wysokość, a potem wygłasza płomienne kazanie o wyższości monastycyzmu nad kolorowymi latawcami puszczanymi o zachodzie nad rozjarzoną taflą.

Wyspa korzeni biegnących głęboko w głąb ziemi; słońca utartego z orzechami i miodem; starowieku i naszej wspólnej huculskiej zapamięci.

Wyspa we śnie. Młoda kobieta wstaje, zaczyna czytać moje wiersze i głośno się śmieje. Biegnę w jej stronę i krzyczę: „Jestem mężczyzną, nie poetą".

Wyspa jako muzeum. W pierwszym pokoju widzimy ptaki na szczudłach. Czupurne grzywy fal układają się w zdanie, ale bez powodzenia. W strategicznych miejscach ułożono fantastyczne zegary słoneczne, które nabierają rumieńców w każdą bezksiężycową noc. Ile eksponatów. Jaka wspaniała wystawa. W ruinach starego zamku natykamy się na egipskie hieroglify i łacińskie inskrypcje, a przydrożny krzak róży ma formę zapisaną cyrylicą. Na widmowych strychach straszą przedwojenne maszyny do szycia i atlasy z gotyckimi napisami. Zbiegamy po kamiennych stopniach w stronę rzeki, gdzie jest jeszcze

Take Simi, for example. One of the islands that you can walk
   on as if floating in the air, say, in the blue sky with a white
   strip or in whiteness with a blue trim. You can add yellow
   inscriptions of rocks piled up in the sun. You can also
   shift gears and sail like the sea, drifting, crashing with the
   waves against the shore, no end, no annunciation.
The island of trinkets and junk, which can be studied and
   arranged in boxes into unexpected landscapes, sad
   sunsets with a wind-up parrot and a gypsy trumpeter
   playing under the windows of tired citizens (Cornell).
The island with beer foam so thick that it can be cut with
   a knife. I sit with my dad and uncle Rysiek in the pub
   "Under the Rose," and draw a sketch of the bay into
   which a Japanese cruiser will sail.
The island as one big pulpit. The parish priest swims past
   me and slowly rises to the occasion, then delivers a fiery
   sermon about the superiority of monasticism vis-a-vis the
   colorful kites flown at sunset over the glowing surface.
The island of roots running deep into the ground; into
   the sun grated with nuts and honey; into our common
   ancestry Hutzul memory.
The island in a dream. A young woman gets up, starts to
   read my poems and laughs loudly. I run towards her and
   shout, "I'm a man, not a poet."
The island as a museum. In the first room we see birds on
   stilts. The tousled whitecaps arrange into a sentence,
   unsuccessfully. Fantastic sundials, which blush on every
   moonless night, are laid out in strategic locations. How
   many items. What a wonderful exhibition. In the ruins
   of an old castle we encounter Egyptian hieroglyphs and
   Latin inscriptions, and the shape of a roadside rosebush is
   written in Cyrillic. The ghostly attics are haunted by pre-
   war sewing machines and map atlases with gothic script.
   We run down the stone slabs towards the river where

więcej gratów i staroci: naparstki, części maszyn, młynek do kawy, plastikowe monety i wiaderko wypełnione piaskiem. Słuchawka telefonu w kształcie homara. Bilety na prom, który kursował tutaj w poprzedniej epoce. Albion. Wyspa bieli. Białe klify Dover, oślepiające w pamiętnym czerwcu 1992 roku, kiedy po raz pierwszy przybiłeś do brzegów poetyckiej wyspy, rzygając atramentem na wszystkie strony.

Wyspa z podręcznika do przyrody: na ścieżce znalazłem martwego żuka i las stał się przypisem.

Wyspa odmieniana przez przypadki; na końcu są usta zwinięte w trąbkę, koszmar mianownika.

Wyspa we wnętrzu wyspy – delikatny, rozżarzony obrys, jak neon po deszczu, miejska jesień, wieczór, niebieska kreda rozmyta przez grube krople.

Wyspa dziecięcych legend:

Ryżowa jesień Ryżowa wiosna
Wykrochmalone serwetki
Wiszą na krosnach
W otwartej stodole naga żarówka
Osy leżą plackiem
Na stole

Wyspa we wspomnieniach. Prześcieradła suszące się na sznurach w ogrodzie, murarze jedzący gotowane jajka pod płotem, dziadek Bazyli w aureoli z gęsich piór, uśmiechający się pod nosem.

Wyspa chowanej rozpaczy: ktoś stoi samotnie na peronie i macha ręką, a wokalista śpiewa „tak, czy tak, dogram to do końca".

Wyspa kapitana Nemo: *nikogo nie ma doma.*

Wyspa zamknięta rzędami i szpalerami regałów. Bazaltowe wypiętrzenia, skaliste półki, nagłe gniazda na wysokich szczytach. Procesje grzbietów i kredowych wyklejek. Nie

there's still more junk and old things: thimbles, machine
parts, a coffee grinder, plastic coins, and a bucket filled
with sand. A phone receiver shaped like a lobster. Tickets
for a ferry that ran here in the preceding epoch.
Albion. The island of whiteness. The white cliffs of Dover,
dazzling in that memorable June 1992, when you first
landed on the shores of a poetic island, vomiting ink in all
directions.
The island from a nature textbook: I found a dead beetle on
the path and the forest became a footnote.
The case conjugated island; at the end the lips are rolled into a
trumpet, the noun's nightmare.
The island inside an island – a gentle, glowing outline, like
a neon after rain, urban autumn, evening, a blue chalk
smeared by thick droplets.
The island of children's myths:

Rice Autumn Rice Spring
Starched napkins
Hang on the looms
A bare light bulb in the open barn
Wasps on their backs
Lie on the table

The island in memories. Bedsheets drying on clotheslines in
the garden, bricklayers eating boiled eggs by the fence,
Grandfather Vasily in a feathered halo, smiling under his
breath.
The island of hidden despair: someone stands alone on the
platform, waving his hand, and the singer sings "either
way, I'll play it to the end."
The island of Captain Nemo: *nobody's home.*
The island closed off with rows and lines of cabinets. Basalt
lift-ups, rocky shelves, unexpected nests on high peaks.
Processes of ridges and chalk endpaper. You couldn't

mogłeś zrozumieć, skąd tyle wspaniałości.

Wyspa w absolutnych ciemnościach. Słychać tylko uderzenia fal.

Wyspa jako skrót wszystkich zdań, jakie chciałem zapisać, tych zimowych i tych letnich, pierwszych i ostatnich, krótkich jak trzaśnięcie biczem i długich jak wyobrażenie Odry w zamglony poranek.

Wyspa stawania się sobą poprzez ból nie do zniesienia.

Wyspa z jednym jedynym latarnikiem, który wspina się po schodach jak po kluczu, gubiąc po drodze wszystkie zbędne zamki na tle rozżarzonego do niebieskości nieba.

Wyspa ukwiecona, umajona, czerwona, okolona lipami, w kształcie sierpa. Jedno wielkie wrzosowisko.

Wyspa to ul, ul to pęknięta przetoka, przetoka to zgrabiałe wzgórze z jedną chmurą, chmura to cerkiew, cerkiew stoi na podmokłych łąkach, łąki to koagulacja, a dalej jest ta sama wyspa, tylko inaczej skonfigurowana.

Wyspa umiejętnie podrasowana przez specōw od archaicznych wysp – wygląda teraz jak nowa, nawet fale dobijają do brzegu tak, jak w pierwszych dniach stworzenia.

Wyspa madonna.

Wyspa mgieł: nic nie widzę, nawet zarysów drzew, choć jestem w lesie, białym jak magia, zaczarowanym do ostatniej nitki, sprowadzonym do kilku niemych zaklęć i siwych grzęzawisk, w których utknęła nagle cała geografia.

Wyspa jak olbrzymia stodoła – w jej wnętrzu, za rozdartą zasłoną, leży martwy kamienny Bóg; podchodzimy kolejno i nachylamy się nad jego ciałem.

Wyspa jako jedno wielkie kamienisko. Granity, szare załomy, stalowa płaskorzeźba pod ołowianym, nisko zawieszonym niebem. Pejzaż mojej duszy.

Wyspa rozciągająca się od napięstka do nasady palców.

understand where such wonders came from.

The island in absolute darkness. You can only hear the crashing of waves.

The island as an abbreviation of all the sentences I wanted to write down, the winter and the summer ones, the first and the last, short like a crack of a whip and long like the Oder River on a foggy morning.

The island of becoming oneself through an unbearable pain.

The island with the one and only lighthouse keeper, who climbs the stairs as if they were a lock, losing along the way all the unnecessary keys against the background of the blue hot sky.

The island of flowers, of May, red, edged with lime trees, sickle-shaped. One big heath.

The island is a beehive, the beehive is a cracked strait, the strait is a sloping hill with one cloud, the cloud is an orthodox church, the orthodox church stands on the marshland, the marshland is a coagulation, and further on lies the same island, but configured differently.

The island skillfully souped-up by archaic island specialists – it looks new now, even the waves reach the shore like they did in the first days of creation.

The madonna island.

The island of fog: I can't see anything, even the outlines of trees, though I'm in a forest, white like magic, enchanted to the last thread, reduced to a few silent spells and sinew bogs, where suddenly all the geography got stuck.

The island as a giant barn – inside it, behind a torn curtain, lies a dead stone God; we take turns approaching him and leaning over his body.

The island as one big stony ground. Granite, grey recesses, a steel bas-relief under a leaden, low suspended sky. The landscape of my soul.

The island extends from the wrist to the base of the fingers.

Środkiem biegnie linia życia, niewidoczna, kiedy ręka
zaciska się w pięść.
Wyspa nie umiera od razu, akt zgonu nie zamyka sprawy:
gdzieś tam sączą się i szemrzą podwodne strumyki.
Wyspa i jej mlecznoniebieski sobowtór; białe ścieżki
znikające pomiędzy fragmentami drzew i fragmentami
chmur, wydmy usypane warstwami, o zmierzchu
jakby sklonowane, budzące w nas uroczyste i
melancholijne wspomnienia czerwca, kiedy przebiegało
się mostkiem przez margines parku.
Wyspa jednorazowego użytku. Dobijasz do brzegu,
zakładasz kolonię, poddajesz swej władzy żywioły
i lokalne duchy, potem organizujesz kilka burz,
doprowadzasz do pojednania wrogów, zwijasz manatki
i wracasz do domu.
Wyspa, gdzie rosną poziomki, a w ostatniej scenie ojciec i
matka siedzą nad rzeką, zupełnie nieruchomo.
Wyspa Moria. Wspinasz się w bojaźni i drżeniu, lecz w
końcu tam dojdziesz, bracie Izaaku.
Wyspa, Słońce i Księżyc. Idealny trójkąt, którego pole
najłatwiej oblicza się latem o świcie, kiedy wszystko jest
niebieskie i dokładne, a hormonalny suplement dokłada
swoje trzy grosze.
Wyspa zaklęć magicznych:

Panno roztropna,
Panno czcigodna,
Panno wsławiona,
Panno można,
Panno łaskawa,
Panno wierna.

Wyspa najprostszej z możliwych sytuacji: siedzę przy stole
i czytam wiersz. Ale myślę o czymś innym, powiedzmy
o kawie, którą piłem przy barze. Kiedy? Dosłownie

Through the centre runs the life line, invisible when a hand clenches into a fist.

The island doesn't die right away, the death certificate doesn't close the case: somewhere in there underwater streams are seeping and murmuring.

The island and its milky-blue double; white paths disappear between fragments of trees and fragments of clouds, sand dunes piled up with layers that seemed cloned at dusk, awakening in us solemn and melancholy memories of June, when we ran across the bridge through the margin of the park.

The disposable island. You dock at the shore, set up a colony, reign over elements and local spirits, then you organize a few storms, bring about the reconciliation of enemies, pack up your stuff and return home.

The island where wild strawberries grow, and in the final scene your father and mother sit at the river, completely still.

The Island of Moriah. You climb in fear and trembling, but in the end you will get there, Brother Isaac.

The island, the Sun and the Moon. The ideal triangle, whose area is easiest to calculate in the summer at dawn, when everything is blue and exact, and the hormonal supplement throws in its three cents.

The island of magic spells:

Virgin most prudent,
Virgin most venerable,
Virgin most renowned,
Virgin most powerful,
Virgin most merciful,
Virgin most faithful.

The island of the simplest possible situation: I sit at the table and read a poem. But I think about something else, let's say about the coffee I drank at the bar. When? Literally

przed chwilą. Zastanawiałem się, jaki przeczytać wiersz.
Zamiast o kawie, myślałem o wierszu, który teraz czytam.
A może odwrotnie.
Wyspa ukraińska, wyspa rosyjska, wyspa polska. Archipelag
mojej wrażliwości i wyobraźni.
Wyspa niekończących się pasjansów: rozłożyłeś karty i
czekasz, dokąd zaprowadzi cię cierpliwość.
Wyspa na końcu Luboszyckiej. Toporna fontanna, kilka
drzew, archipelag psich kup. W pochylonym niebie jest
jakby więcej przestrzeni i akrylowej żółci. Jesień, panie
sierżancie.
Wyspa stopiona z własnym negatywem, sunąca nad
horyzontem jak wielka czarna chmura odbita w tysiącach
rozlewisk, rowów i kałuż.
Wyspa cienia w miejscu, gdzie leży kot potrącony przez
samochód. Jego ciało jest nienaruszone, jak gdyby
położył się do snu. W tym śnie ledwie słyszalne szepty
i upomnienia. Jakaś kobieta ociera mi z policzka łzę, a
mężczyzna powtarza, że nie powinienem zachowywać się
jak stara ciota.
Wyspa o poranku jak zastygły mleczny shake, pęknięcia i
wąskie korytarze w wapiennych skałach, tryskające źródła,
labirynt drążony przez uparte spojrzenie.
Wyspa zatrzaśnięta w milczeniu, domagająca się słów, powoli
sylabizowana w snach, które osuwają się na ciebie jak
lawina (a to tylko szept).
Wyspa *sarcophaga*. Muchy składają na trupie larwy, których
wydzieliny rozpuszczają tkanki i zmieniają je w płyn,
potem przychodzą owady zjadające larwy much i
zostawiające tylko kości i twarde części skóry, wreszcie
przychodzą koleoptery polerujące kości i grzebiące w ziemi
całą resztę.
Wyspać się w końcu, nie śnić o wszędobylskim języku, poddać
się falom rzeczywistości.

just a moment ago. I was wondering how to read a poem.
Instead of coffee, I thought of the poem I'm reading now.
Or maybe the other way around.
The Ukrainian island, the Russian island, the Polish island.
The archipelago of my sensitivity and imagination.
The island of endless solitaire: you've spread the cards out
and wait to see where patience will lead you.
The island at the end of Luboszycka Street. An awkward
fountain, several trees, an archipelago of dog poop.
There seems to be more space and acrylic bile in the
leaning sky. Autumn, sergeant sir.
The island fused with its own negative, gliding over the
horizon like a huge black cloud reflected in thousands of
floodplains, ditches, and puddles.
The island of the shade in the place where a cat hit by a car
lies. Its body is intact, as if the cat had lain down to sleep.
There are barely audible whispers and admonitions in
this dream. Some woman wipes a tear from my cheek,
and a man repeats that I shouldn't behave like an old
pussy.
The island in the morning that's like a frozen milk shake,
cracks and narrow corridors in the limestone, gushing
springs, a labyrinth bored by a stubborn gaze.
The island slammed shut in silence, demanding words,
slowly syllabized in dreams that slide down onto you
like an avalanche (but it is only a whisper).
The island of *sarcophagi*. Flies deposit larvae on the corpse,
their secretions dissolve the tissue and turn it into liquid,
then come insects that eat the larvae of flies and leave
only the bones and hard parts of the skin, then finally
come the Coleopterans that polish the bones and bury
the rest in the ground.
The wish to finally get enough sleep, not to dream of
ubiquitous language, to surrender to the waves of reality.

Wyspa geometrii: kwadratura koła na planie
cerkiewnego krzyża.

Wyspa, na której Syd Barrett spotyka Wittgensteina; w
ostatniej długiej scenie idą bez końca brukowaną
plażą.

Wyspa należy jednak do Sykoraks.

Wyspa za ostatnim oddechem. Chciałeś go przedłużyć,
ale w ostatniej chwili zrozumiałeś, że staje się
światłem i chce być początkiem nowego życia.

Wyspa, ten hotel i nawiedzony dom, ta ruina z
widokami na urwisty brzeg, zatokę i wspomnienie
żagli, te resztki wspaniałego życia, które przypadło
ci w udziale jako bezinteresowny, bezzwrotny dar.

The island of geometry: squaring the circle on the surface
of an Orthodox cross.
The island where Syd Barrett meets Wittgenstein; in
the last long scene they walk on along a cobblestone
beach.
The island, however, belongs to Sycorax.
The island after the last breath. You wanted to extend
it, but at the last moment you realized that it was
turning into light and wanted to be the beginning of a
new life.
The island, this hotel and haunted house, this ruin with
views of the steep bank, the bay and the memory of
the sails, those remnants of a wonderful life that fell
upon you as a selfless, non-returnable gift.

ALBEDO NON SUBSISTIT

Biała furtka na nic nie otwiera,
nigdzie nie prowadzi.
Bieleje w półmroku
otoczona bluszczem.

ALBEDO NON SUBSISTIT

The white gate opens
on nothing, leads nowhere.
It is pale in twilight
and framed by ivy.

p. 21 'Reading Homer': Stanisław Vincenz (1888-1971) was a Polish essayist and scholar of Ancient Greece and the Hutzul people of the Carpathian Mountains in Eastern Galicia.

p. 59 'Mariupol '77': the title refers to the city in southeastern Ukraine, on the Sea of Azov.

p. 61 'Eastern Accent' alludes to the experience of repatriations after World War II, when millions of people, Poles and Germans, were forcibly relocated to take account of the shifting of the borders in accord with the Yalta Conference.

p. 119 'Psalm' includes a fragment quoted from the 'Litany of the Blessed Virgin Mary'.

Jacek Gutorow was born near Opole, Poland, in 1970. He has published eight volumes of poetry, six collections of critical essays, a monograph on Wallace Stevens and a fake diary.

His translations include the poetry of Wallace Stevens, John Ashbery, Charles Tomlinson, Mark Ford and Simon Armitage. He teaches American literature at the University of Opole and edits *Explorations. A Journal of Language and Literature*.

Piotr Florczyk was born and raised in Kraków, Poland, and moved to the United States at age sixteen. He is the author of the poetry collections *From the Annals of Kraków* (Lynx House Press, 2020), *East & West* (Lost Horse Press, 2016) and the essay collection *Los Angeles Sketchbook* (Spuyten Duyvil, 2015), as well as several volumes of Polish poetry translations. His translation of Anna Świrszczyńska's *Building the Barricade* (Tavern Books, 2016), with an introduction by Eavan Boland, was selected by Marilyn Hacker as the winner of the 2017 Harold Landon Morton Award. He lives in Redondo Beach, California.

Mark Ford has published four collections of poetry: *Landlocked* (1992), *Soft Sift* (2001), *Six Children* (2011) and *Enter, Fleeing* (2018). A selection of his work has been translated into Polish by Jacek Gutorow. He teaches in the English Department at University College London.

PIOTR FLORCZYK is the author of the poetry collections *From the Annals of Kraków* (2020), *East & West* (2016) and the essay collection *Los Angeles Sketchbook* (2015), as well as several volumes of Polish poetry translations. He lives in Redondo Beach, California.

MARK FORD is author of four poetry collections and is Professor of English in the Department of English Language and Literature at University College London. He is a regular contributor to the *New York Review of Books*, the *Times Literary Supplement* and the *London Review of Books*.

"*Invisible* is a teasing title for a collection of poetry. [Wallace] Stevens, with whose work Jacek Gutorow has a deep and sustained engagement, suggested in 'The Creations of Sound', that poems should 'make the visible a little hard / To see' [...] Both Gutorow and Stevens develop a poetic medium that maintains an oscillating dialectic between the seen and the unseen.

The invisible operates not as an occlusion of reality, but as an aura saturating what is described; images are gently prised from the contexts of time and place and invested with a mysterious in-between life ..."

MARK FORD
from the Introduction to *Invisible*

www.arcpublications.co.uk

Arc
PUBLICATIONS

ISBN 978-1-911469-97-1

9 781911 469971

RÉGIS DEBRAY

L'EUROPE FANTÔME

TRACTS
GALLIMARD

3,90€ / N°1

TRACTS

À l'heure du soupçon, il y a deux attitudes possibles. Celle de la désillusion et du renoncement, d'une part, nourrie par le constat que le temps de la réflexion et celui de la décision n'ont plus rien en commun ; celle d'un regain d'attention, d'autre part, dont témoignent le retour des cahiers de doléances et la réactivation d'un débat d'ampleur nationale. Notre liberté de penser, comme au vrai toutes nos libertés, ne peut s'exercer en dehors de notre volonté de comprendre.

Voilà pourquoi la collection « Tracts » fera entrer les femmes et les hommes de lettres dans le débat, en accueillant des essais en prise avec leur temps mais riches de la distance propre à leur singularité. Ces voix doivent se faire entendre en tous lieux, comme ce fut le cas des grands « tracts de la NRF » qui parurent dans les années 1930, signés par André Gide, Jules Romains, Thomas Mann ou Jean Giono – lequel rappelait en son temps : « Nous vivons les mots quand ils sont justes. »

Puissions-nous tous ensemble faire revivre cette belle exigence.

ANTOINE GALLIMARD

TRACTS.GALLIMARD.FR

DIRECTEUR DE LA PUBLICATION : **ANTOINE GALLIMARD**

DIRECTION ÉDITORIALE : **ALBAN CERISIER**
ALBAN.CERISIER@GALLIMARD.FR

GALLIMARD · 5 RUE GASTON-GALLIMARD 75007 PARIS · FRANC
WWW.GALLIMARD.FR